J. A. DIAS LOPES

ARROZ!

ASSIM COZINHA A HUMANIDADE

MELHORAMENTOS

Dados Internacionais de Catalogação na Publicação (CIP)
(Câmara Brasileira do Livro, SP, Brasil)

Lopes, J. A. Dias
Arroz: assim cozinha a humanidade / J. A. Dias Lopes; [fotografia Reinaldo Mandacaru]. — São Paulo: Editora Melhoramentos, 2017.

ISBN 978-85-06-00160-8

1. Arroz 2. Arroz (Culinária) 3. Crônicas brasileiras 4. Culinária (Arroz) 5. Culinária (Receitas) 6. Gastronomia I. Mandacaru, Reinaldo. II. Título.

17-07422 CDD-641.6

Índice para catálogo sistemático:
1. Arroz: Culinária: Economia doméstica 641.6

Obra conforme o Acordo Ortográfico da Língua Portuguesa

Projeto gráfico e diagramação: **Ken Tanaka**
Produção de receitas: **Andréa González**
Fotografias: **Reinaldo Mandacaru**
(exceto as fotografias cujos créditos aparecem na própria página)
Produção de fotografias: **Thais Mandacaru**
Crianças fotografadas:
Carol Tiemi Tanimura (pág. 4),
Igor Barelli Gamez (pág. 6),
Maria Dias Lopes Bronzatto (4ª capa),

1ª edição, novembro de 2017
ISBN: 978-85-06-00160-8

Atendimento ao consumidor:
Caixa Postal 11541 – CEP 05049-970 – São Paulo – SP – Brasil
Tel.: (11) 3874-0880
sac@melhoramentos.com.br
www.editoramelhoramentos.com.br

Impresso no Brasil

Para minhas filhas, Adriana e Bárbara, pelos motivos do coração.

ANTEPASTO

Este livro contém doze receitas de arroz, todas acompanhadas de uma crônica. Foram escolhidas porque são apetitosas e têm histórias a contar. Algumas são velhas conhecidas do autor: a Canja de Galinha, o Arroz de Carreteiro, o Arroz Biro-Biro e o Risotto alla Milanese, por exemplo. Portanto, resultaram de escolha pessoal.

Impossível uma obra ser completa sobre um tema tão vasto. Cada país tem o seu prato com os grãos de uma planta da família das gramíneas cuja importância gastronômica teria sido definida pelo filósofo chinês Confúcio (551-479 a.C.): "Uma cozinha sem arroz é como uma mulher bonita a quem falta um olho".

Só no Brasil, incluindo as receitas não catalogadas pelos manuais de cozinha, há meia centena de preparações, se não forem mais. O arroz é um alimento dotado do prodígio da mutação. Trocam-se os ingredientes acessórios, altera-se a técnica de preparo e... surge um prato diferente, dotado de nova personalidade.

Bom apetite!

J. A. Dias Lopes

SUMÁRIO

OS GRÃOS DE CONFÚCIO

Os críticos de cinema consideram *Arroz Amargo*, de 1949, um dos melhores filmes do neorrealismo italiano. Dirigido por Giuseppe de Santis e tendo Silvana Mangano como atriz principal, o filme é até hoje exibido em sessões de arte. Quem assistiu ao filme nunca mais esqueceu as pernas esculturais de Silvana Mangano, no esplendor de seus 19 anos. Com beleza transbordante e talento dramático, ela fazia o papel de uma *mondina*, trabalhadora rural sem vínculo empregatício encarregada de arrancar ervas daninhas da lavoura.

Um casal de ladrões, vivido por Vittorio Gassman e Doris Dowling, infiltra-se no arrozal depois de roubar um valioso colar. Silvana Mangano usurpa o produto do furto e, no final, mata Vittorio Gassmann e se suicida. Por meio dessa história triste, o jovem diretor Giuseppe de Santis procura mostrar as duras condições de trabalho das *mondinas*.

Três décadas depois, o mundo descobriu que a Itália possuía três tipos de arroz: *arborio*, *carnaroli* e *vialone nano*, ideais para a preparação do risotto, porque liberam o amido devagar no cozimento, deixando o prato cremoso. Foram importados e se tornaram conhecidos nos outros continentes.

Aportaram no Brasil em fins da década de 1980, trazidos pelo restaurante Fasano, de São Paulo. Houve quem reclamasse. Alguns clientes disseram que nosso país não precisava deles: "Já temos arroz em abundância por aqui. Não precisamos gastar dinheiro à toa". Hoje, o Brasil cultiva as variedades italianas para fazer risotto.

Silvana Mangano (a segunda da esquerda para a direita), no arrozal da cena extraída do filme "Arroz Amargo", de 1949, dirigido por Giuseppe de Santis: um dos melhores filmes do neorrealismo italiano.

Cada país utiliza a variedade de ascendência asiática que melhor se adapta à sua cozinha tradicional. A Espanha prefere o arroz bomba: os grãos atuam como esponjas, assimilando o sabor das carnes ou das verduras da paella. Em Portugal, consome-se o carolino: ao ser cozido, "corre" e "escapa" do garfo, tornando-se "malandrinho". O qualificativo é divertido. Refere-se aos malandros que fogem da polícia.

No Brasil, apreciamos mais o tipo longo e fino. Se acompanha um prato, sobretudo o feijão, fica solto e úmido. Só é ligeiramente empapado quando misturado na panela com diferentes ingredientes, para transformar-se no arroz de carreteiro, no arroz de pequi, no arroz Biro-Biro etc. Qual país tem o melhor grão? Todos. Vale o gosto nacional.

O arroz (*Oryza sativa*) teria se originado na Ásia oriental, há mais de 5 mil anos. Mas é possível que nunca se saiba com exatidão a sua verdadeira antiguidade. A China seria o berço. Confúcio, grande filósofo do país, afirmava que "uma cozinha sem arroz é como uma mulher bonita a quem falta um olho".

A Índia, situada na Ásia meridional, também quer ser apontada como terra natal dos preciosos grãos. O país conserva os mais antigos manuscritos, em sânscrito, que falam do arroz. Neles são citadas diversas variedades cultivadas desde o ano 2400 a.C.: o arroz preto, oferecido ao deus Agni; o *sawitar*, de maturação rápida; o *indra*, de grão grande, associado a uma antiga divindade das tormentas.

O arroz foi provavelmente a primeira planta cultivada de maneira extensiva na Ásia. Há quem diga que chegou ao Japão no século IV a.C. Trezentos anos antes de Cristo, ele já era encontrado na Indonésia e nas Filipinas. Tornou-se importante produto agrícola na África, na bacia do Mediterrâneo e no Oriente Médio. Na época do Império Romano, era plantado na Grécia e dado inclusive aos enfermos como remédio. Quando os árabes invadiram a Espanha, em 711, introduziram a planta, que chamavam de *ar-ruzz*. Logo a cultivaram na região de Valência, ao leste.

Ali, a poucos metros do Mediterrâneo, encontraram uma lagoa natural de água doce, a Albufera (mar pequeno, em árabe), em cujas terras baixas e pantanosas reproduziram o grão milenar. No Brasil, o arroz chegou na primeira metade do século

XVI, embora os indígenas tivessem uma variedade selvagem, nativa da Amazônia, chamada de *abatiapé*. Em 1587 já existiam lavouras de arroz na Bahia.

Pertencente à família das gramíneas, o arroz viceja em terras irrigadas ou secas. No Brasil, espalhou-se por todas as regiões, sobretudo no Rio Grande do Sul, Santa Catarina e Paraná, com lavouras predominantemente irrigadas (em todo o mundo é assim), que respondem por 60% da produção nacional. Colhemos entre 11 e 12 milhões de toneladas por ano. Isso nos coloca entre os dez maiores produtores do mundo. A China ocupa o primeiro lugar, com 185 milhões de toneladas; a Índia, o terceiro, produzindo 129 milhões.

Cada vez a humanidade come mais arroz. Há povos que se alimentam quase exclusivamente dos seus grãos. Tanto que a produção mundial não vem acompanhando o crescimento do consumo. Na última década, ela aumentou cerca de 1,09% ao ano; no mesmo período, o consumo cresceu 1,27%.

Na elaboração de uma infinidade de pratos salgados ou doces, é possível utilizar grãos de arroz integrais, ou seja, apenas descascados, parboilizados ou polidos. Servem para fazer farinha de mingaus e doces, macarrão de vários tipos, biscoitos, cereais matinais, snacks, vinagres e bebidas alcoólicas, como o saquê japonês, o *shoaxing* chinês e a cerveja.

Do ponto de vista nutricional, o arroz fornece-nos hidrato de carbono – o que o torna excelente fonte de energia – fósforo, potássio, cálcio e ferro. Quando integral, é rico em vitaminas do grupo B e E, cálcio, fósforo e magnésio. Mas não o saboreamos só por isso.

A humanidade consome arroz há tanto tempo porque pode plantá-lo em variadas condições climáticas, tem preparo versátil, mata a fome e, acima de tudo, é delicioso. Os chineses acreditam que essas virtudes possuem origem divina, documentada por esta lenda: "O Céu amava a Terra e, ao inclinar-se sobre ela, caíram dos seus bolsos algumas sementes; quando a Terra gerou filhos, havia comida para alimentá-los".

PAIXÃO NACIONAL

O Brasil é louco por arroz. Cada região do país se orgulha de ter pelo menos uma receita própria feita com ele. O Rio Grande do Sul, por exemplo, maior produtor nacional, inventou o antológico Arroz de Carreteiro, ou Carreteiro. A receita já foi festejada até em canções e poemas, como este do inspirado gaúcho Jayme Caetano Braun (1924-1999): "Nobre cardápio crioulo / Das primitivas jornadas, / Nascido nas carreteadas / Do Rio Grande abarbarado, / Por certo nisso inspirado, / O xiru velho campeiro / Te batizou Carreteiro / Meu velho arroz com guisado" (*Potreiros de Guaxos*, Porto Alegre: Livraria Sulina, 1975).

Os gaúchos desenvolveram outros pratos apetitosos com os grãos que cultivam, sobretudo em seis municípios: Uruguaiana, Itaqui, Alegrete, Dom Pedrito, Santa Vitória do Palmar e São Borja. Juntos, há algum tempo contribuem com mais de 20% da produção nacional, que ultrapassa os 10 milhões de toneladas. Todos os municípios se localizam na região natural de coxilhas e canhadas, ao longo da fronteira com a Argentina e o Uruguai. Os demais pratos de criação gaúcha são Arroz de China Pobre, Arroz com Couve ou Repolho, Arroz com Galinha, Arroz com Miúdos, Arroz com Mondongo e Arroz com Pêssego.

Os best-sellers culinários brasileiros comprovam a riqueza do nosso acervo. Só *O Grande Livro da Cozinha Maravilhosa de Ofélia*, de Ofélia Ramos Anunciato (São Paulo: Melhoramentos, 1998), ensina a fazer 42 receitas de arroz. O mesmo acontece com *Dona Benta – Comer Bem* (São Paulo: Companhia Editora Nacional, 2004). Traz 36 receitas de arroz, mais três de risotto. Os nomes são explícitos: Canja de

Galinha (feita em todo o país), o paulistano Arroz Biro-Biro, o santista Arroz de Braga, o goiano Arroz de Puta Rica, o nacionalizado Arroz-Doce, pois aportou aqui com os portugueses. Sem esquecer o maranhense Arroz de Cuxá, o baiano Arroz de Hauçá, o piauiense Arroz Maria Isabel e o goiano Arroz de Pequi.

O Brasil conheceu o arrroz no século XVI, trazido pelos portugueses, embora os indígenas tivessem uma variedade selvagem, nativa da Amazônia. Era o *abatiapé* (*abatií + apé*), que em tupi-guarani significa "arroz torto". Eles o colhiam nos alagados junto ao litoral. As sementes recém-chegadas ao país foram plantadas em Santos no mesmo século XVI, por iniciativa do fidalgo e explorador português Brás Cubas (1507-1592), na vila que fundou, ou melhor, na contígua Ilha Barnabé. Afirma-se que os lavradores utilizaram sementes vindas de Cabo Verde. "Santos [...] produz o arroz mais apreciado do Brasil", garantiu o pintor e desenhista francês Jean-Baptiste Debret (1768-1848), autor da obra *Viagem Pitoresca e Histórica ao Brasil* (Belo Horizonte: Itatiaia, 2008).

Em 1587, também já existiam arrozais na Bahia e, em 1745, no Maranhão. Em 1766, a Coroa portuguesa autorizou a instalação da primeira descascadora de arroz do Brasil, no Rio de Janeiro. Nosso país foi o primeiro de toda a América que cultivou seus grãos – e não os Estados Unidos, como sustentam algumas fontes, onde o cultivo aconteceu a partir de 1685, na Carolina do Sul. Hoje, o Brasil é o nono produtor mundial do alimento e, além do Rio Grande do Sul, destacam-se no ranking nacional os estados de Santa Catarina, Mato Grosso, Maranhão, Tocantins e Rondônia. Haja arroz!

Brás Cubas, pintado por Benedito Calixto em 1903: pioneiro do arroz em Santos, cuja vila fundou no século XVI.

O PORTUGUÊS MALANDRINHO

Nenhum país europeu come mais arroz do que Portugal. Bate a Espanha, pátria da paella, e a Itália, terra do risotto. São consumidos por ano 12 quilos de arroz *per capita*, cerca de duas vezes mais do que Espanha e Itália. Além disso, Portugal supera-os em número de receitas de arroz. No livro *Cozinha Tradicional Portuguesa* (Lisboa / São Paulo: Editorial Verbo, 1989), a conceituadíssima gastrônoma Maria de Lourdes Modesto ensina a fazer 35 pratos salgados e 9 doces com os grãos versáteis dessa preciosa planta da família das gramíneas.

A cozinha lusitana tem os arrozes de alho, grelos, cabidela, cabrito, chouriço, bacalhau, feijão, lampreia, lebre, marisco, pato, polvo, pombos bravos, sarrabulho e aí por diante. Também elabora o arroz-doce, com ou sem ovos, e o clássico pudim de arroz. Além disso, incorporou a canja na Índia, originariamente rala, e a enriqueceu com a carne de galinha e demais adereços. Agora a prepara igualmente com porco (em todo o país), bacalhau (Estremadura), pescada (Alentejo) e moluscos (Algarve).

Cerca de 50% do arroz consumido em Portugal corresponde à variedade agulha, da subespécie índica. A outra metade é de carolino (*Oryza sativa mutica*), pertencente à subespécie japônica, proveniente da variedade ariete 2, e que recebeu o nome pela semelhança com o plantado na Carolina do Sul, Estados Unidos. Trata-se, porém, de produto tipicamente português.

Apresenta baixa relação amilose /amilopectina (polissacarídeos do grão) e elevada capacidade de absorção de água e aromas. Quando cozido sem tempero, tem paladar aveludado; misturado a outros ingredientes, adquire o toque suave destes, além de uma textura cremosa e delicada que se prolonga na boca.

Monumento dos Descobrimentos, em Lisboa, Portugal: detalhe da proa da caravela estilizada, onde se ergue o Infante D. Henrique, tendo em sua mão uma embarcação antiga.

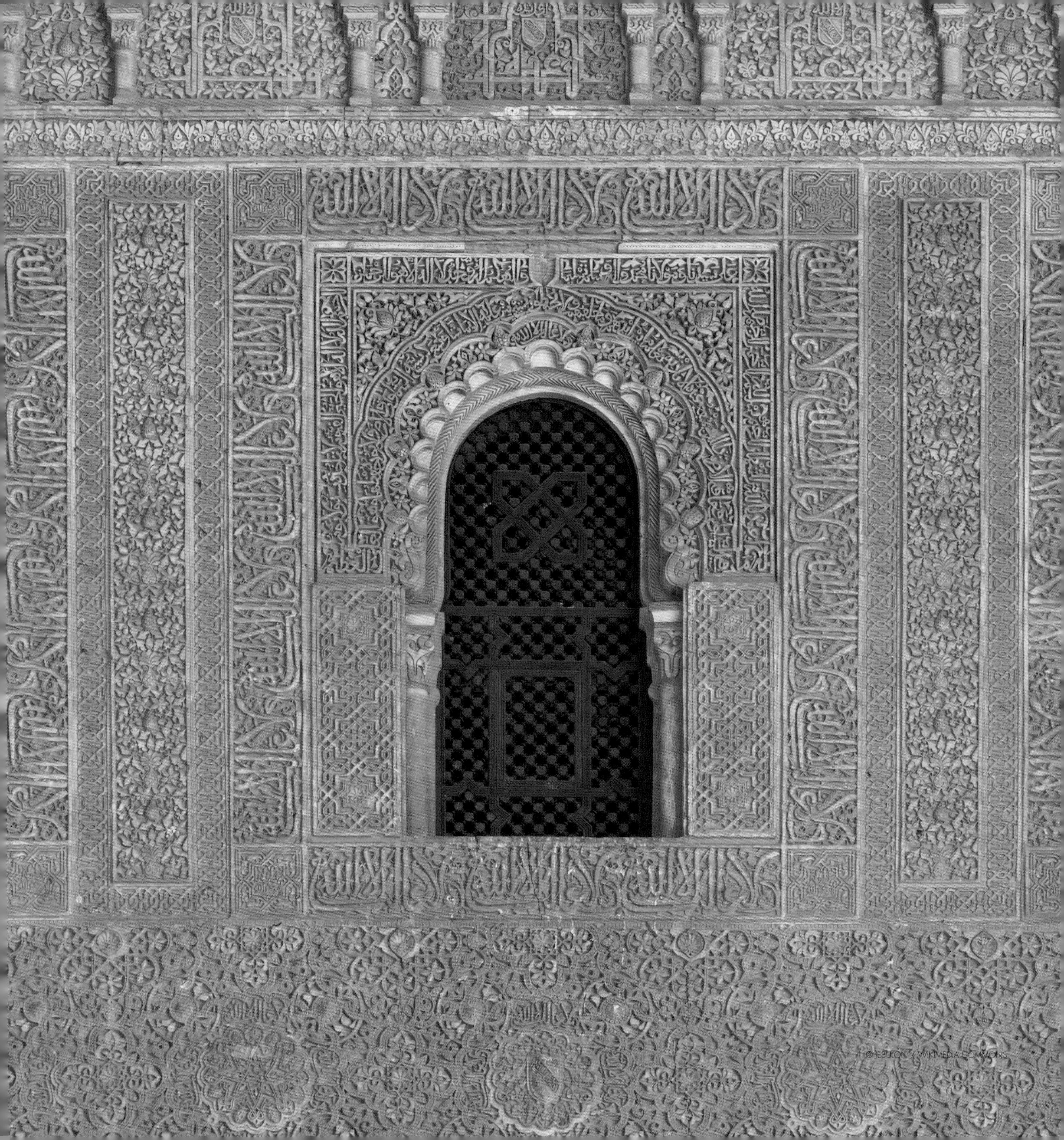

Os portugueses gostam de prepará-lo malandrinho, ou seja, molhado, elaborado com um volume de água superior ao necessário. O arroz deve "correr" e "escapar" do garfo. Explicam que os malandros exibem o mesmo comportamento diante da polícia – daí o nome. Também fazem arroz seco, à moda do norte, como o de forno, parceiro dos assados de cabrito e vitela. Além disso, o carolino possui furos microscópicos que o tornam uma espécie de esponja, absorvendo mais do que o agulha os aromas e sabores dos ingredientes adicionais.

Os árabes introduziram o arroz na Espanha e em Portugal no século VIII, quando invadiram a Península Ibérica. Entre os lusitanos, as primeiras referências escritas à sua cultura datam do governo do rei dom Dinis, o Lavrador (1279-1325), marido de dona Isabel de Aragão, canonizada pela Igreja católica com o nome de Santa Isabel. Caro e raro, o produto se destinava à mesa dos fidalgos e plebeus abonados.

Nos séculos XV e XVI, os navegadores portugueses levaram o arroz para a África e, a seguir, para a América do Sul, introduzindo-o sobretudo no Brasil. Seus grãos acompanharam Pedro Álvares Cabral na viagem do nosso descobrimento oficial. Em 1587, já existiam lavouras na Bahia e, por volta de 1745, no Maranhão. No fim do século XVIII, a coroa portuguesa autorizou o funcionamento da primeira descascadora de arroz no país, no Rio de Janeiro.

O carolino é o tipo que melhor se adapta às condições agronômicas de Portugal. As lavouras se localizam em 6 mil hectares dos vales do Mondego, em 10 mil hectares do Tejo e em área igual do Sado. Foi regulamentado pela União Europeia com o nome de "arroz carolino das lezírias ribatejanas". Devotos da boa mesa, os portugueses costumam ser lembrados por amar bacalhau, leitão e doces de ovos. Falta incluir o arroz na sua predileção nacional.

Janela do Alhambra: rico complexo palaciano e fortaleza muçulmana do século XIII, em Granada, cidade na qual desde esta época são preparadas receitas tradicionais de arroz.

RECEITAS E SUAS HISTÓRIAS

CANJA DE GALINHA

Fala-se que o Brasil, embora promova o mais famoso carnaval do mundo, tem só um prato de comida criado especialmente para a folia: o barreado, do Paraná. Leva carne, às vezes mais de um tipo, toucinho e temperos, sobretudo cominho, que cozinham em fogo brando, durante muitas horas, até a transformação em uma espécie de ragu. Acompanham arroz, farinha de mandioca, banana-caturra ou banana-nanica cortada em rodelas, pimenta-malagueta e cachaça.

Antigamente, o barreado era preparado em panela de cobre. Hoje, usa-se a de barro, grande, alta e cônica, de ascendência indígena. Para os ingredientes não secarem, "barreia-se" a fresta da tampa com um pirão de farinha e água – daí o nome. A receita surgiu entre portugueses vindos do Arquipélago dos Açores que, em meados do século XVIII, colonizaram a faixa litorânea do Paraná onde se localizam os municípios de Paranaguá, Morretes, Guaratuba e Antonina. Agora, faz-se barreado o ano inteiro, inclusive como atração turística.

Entretanto não é a única receita de cozinha atrelada ao nosso carnaval. Há outras que não foram criadas para a folia, mas estão associadas a ela. Qual a sua porta-estandarte? A canja de galinha. Apesar de ser na prática uma sopa, um caldo denso de arroz servido quente e, por isso, inadequado ao calor do verão, tornou-se popular. Proporciona aos foliões as vitaminas, os sais minerais, as proteínas e os carboidratos necessários à reposição das energias. Também ajuda a hidratar o organismo das pessoas que pularam demais ou avançaram o sinal vermelho na bebida.

O costume de tomar canja de galinha depois do baile ou do desfile no bloco ou na escola de samba teria vindo por imitação de dom Pedro II (1825-1891). Nosso querido imperador a saboreou ao longo da vida em diferentes circunstâncias. Apreciava-a com galinha, mas preferia as de macuco, jacu e jacutinga. Sua irmã, dona Francisca de Bragança (1824-1898), mostrava-se ligeiramente mais exótica. Ao se instalar em Paris, depois de casar com Francisco Fernando Filipe de Orléans (1818-1900), príncipe de Joinville, filho de Luís Filipe I, último rei do país, escandalizou os franceses ao pedir uma canja de papagaio.

D. Pedro II, em foto pertencente ao acervo da Biblioteca Nacional, no Rio de Janeiro: o imperador apreciava canja de galinha, mas preferia as de macuco, jacu e jacutinga.

O jornalista, poeta, biógrafo, historiador e teatrólogo cearense R. Magalhães Júnior, no livro *Artur Azevedo e sua Época* (São Paulo: Saraiva, 1953), lembra que, nos espetáculos teatrais, dom Pedro II se entregava quase sempre a "uma canja quente entre o segundo e o terceiro ato", e que o espetáculo só recomeçava "ao ser dado o aviso de que Sua Majestade terminara a ceiazinha". Ele também fazia isso durante e depois deles. Os nobres, os aristocratas e o povo carioca imitaram o imperador. Afinal, a corte ditava moda na cidade e no país. "O hábito migrou para os bailes", afirma o escritor paulista Ricardo Maranhão, doutor em História pela Universidade de São Paulo (USP) e ex-professor de gastronomia na Universidade Anhembi Morumbi, de São Paulo.

A canja nasceu na Índia, na Costa de Malabar, na região onde se encontra Goa, colônia lusitana entre 1510 e 1961. Sua certidão de nascimento se encontra na obra *Colóquio dos Simples e Drogas e Coisas Medicinais da Índia*, do médico, naturalista, sábio e judeu português Garcia da Orta (cerca de 1500-1568), editada em Goa no ano de 1563.

Nascido na região do Alentejo, o autor mudou para os domínios coloniais lusitanos da Índia, fugindo da Santa Inquisição – o tribunal que investigava, perseguia, condenava, desterrava ou queimava vivos os judeus observantes e pessoas consideradas bruxas, hereges ou seguidoras de outras religiões que não fosse a católica. Garcia da Orta elogiava o talento culinário de Antônia, provavelmente sua escrava, que fazia "a galinha com caril, o caldo de arroz, ou canje [*sic*], e as conservas em vinagre [...]". É a primeira menção escrita ao prato.

Originariamente, a canja não incorporava todos os ingredientes atuais e se chamava *kengi* (com "e" e "g", e não *kanji*, como grafam atualmente alguns dicionários). É palavra malaiala, língua falada na Costa do Malabar. Em Goa, no tempo de Garcia da Orta, tornou-se *canje*. Designava um "caldo quente e salgado", ao qual se podia acrescentar arroz. Foram provavelmente os portugueses que lhe incorporaram a galinha ou o frango e demais complementos. Até hoje eles a fazem assim. Às vezes, porém, trocam a ave por moluscos (Algarve), pescada (Alentejo), bacalhau (na região da Estremadura) e carnes variadas (em todo o país). No Brasil, a galinha é obrigatória.

Pelo sucesso em nosso país, observa-se que a receita caiu em domínio público. O vocabulário popular lhe dá acepções divertidas. "Dar uma canja" significa fazer alguma coisa de graça, como no caso do cantor ou instrumentista famoso que se apresenta em público sem pedir cachê. "Ser canja" é sinônimo de algo fácil de fazer ou um jogo que se ganha sem esforço. Xuxa consagrou esse sentido em álbum da década de 1990, no qual gravou para as crianças a marchinha "Canja de Galinha". O grito de guerra havia feito sucesso nos jogos colegiais das décadas de 1970/1980: "É canja, é canja / É canja de galinha / Arranja outro time / Pra jogar na nossa linha". Exaltava a superioridade de uma das equipes, incapaz de ser ameaçada pela adversária.

Mas a canja já foi prato de homenagem. Quando o duque de Wellington (1769-1852) parou suas tropas em Lavos, uma vila e freguesia do concelho da Figueira da Foz, ajudando Portugal a expulsar as tropas invasoras de Napoleão Bonaparte, ofereceram-lhe um prato da especialidade lusitana. Encantado com o sabor e a substância, ele enviou carta à mulher, elogiando as virtudes do prato e mencionando seus ingredientes.

Theodore Roosevelt (1858-1919), que veio ao Brasil em 1913, depois de ser duas vezes presidente dos Estados Unidos, apaixonou-se pela canja. Viajando pelo interior de Mato Grosso e do Amazonas, em companhia do militar e sertanista mato-grossense Cândido Rondon, solicitou esse prato o tempo todo. "Enquanto houver galinha, canja de galinha no almoço e no jantar", contaram Odylo Costa Filho, Carlos Chagas Filho, Pedro Costa e Pedro Nava, no livro *Cozinha do Arco da Velha* (Rio de Janeiro: Nova Fronteira, 1997).

Na falta, Rondon precisou dar um jeito. "Caçava jacu e jacutinga para a canja do visitante, que estava, sem saber, comendo o prato predileto de dom Pedro II", concluíram os autores de *Cozinha do Arco da Velha*. Com tanta força histórica e gastronômica, pelas nossas contas, faz pouco mais de um século que a canja virou prato de resistência no carnaval. Portanto, ziriguidum!

CANJA BRASILEIRA

RENDE 6 PORÇÕES

INGREDIENTES

CALDO

- Carcaça, pés e asas de galinha
- 3 talos de salsão em pedaços com as folhas
- 2 dentes de alho inteiros
- 1 cebola cortada ao meio
- 1 alho-poró em pedaços
- 1 amarrado de salsinha
- 1 folha de louro
- Cerca de 3 a 4 litros de água
- Sal a gosto

CANJA

- 1 peito de galinha
- 2 coxas com as sobrecoxas
- 1 cebola picada
- 50 ml de óleo
- 3 talos de cebolinha cortados em finas rodelas
- 1 xícara (chá) de arroz-agulha
- 2 cenouras cortadas em cubos
- 2 batatas cortadas em cubos
- 1 1/2 xícara (chá) de vagens em pequenos pedaços
- 1/2 xícara (chá) de ervilhas
- 4 talos de salsão raspados e cortados em cubos
- 2 galhinhos de manjerona
- 2 tomates sem casca cortados em cubos
- O caldo quente já passado pelo coador (que estava reservado)
- Sal e pimenta-do-reino moída na hora a gosto
- Ciboulettes e folhas de manjericão para a decoração

PREPARO

CALDO

1. Em uma panela grande, de fundo grosso, coloque a carcaça, os pés e as asas de galinha. Junte os demais ingredientes, leve ao fogo e deixe ferver por cerca de 30 a 45 minutos, em fogo baixo.

2. Retire do fogo, passe o caldo por um coador e reserve.

CANJA

3. Na mesma panela que cozinhou o caldo, doure a cebola no óleo quente, junte o peito, as coxas com as sobrecoxas e a cebolinha e refogue bem.

4. Adicione o arroz e os demais ingredientes.

5. Deixe no fogo até a galinha ficar bem cozida. No final, retire a galinha e desfie-a, eliminando a pele e os ossos.

6. Retorne com a galinha desfiada à panela e ajuste o sal e a pimenta.

7. Decore com as folhas de manjericão e as ciboulettes e sirva bem quente.

Receita do saudoso restaurateur *Giancarlo Bolla, preparada por sua filha Carla Bolla, de São Paulo (SP).*

ARROZ BIRO-BIRO

Até prova em contrário, a única receita do mundo inspirada por um clube de futebol é a do Arroz Biro-Biro. Homenageia o pernambucano Antônio José da Silva Filho, mais conhecido por Biro-Biro, e inevitavelmente o Sport Club Corinthians Paulista, do qual ele foi um dos maiores ídolos nas décadas de 1970 e 1980. Inicialmente volante, atuou diversas vezes como meia e até atacante. Era disciplinado dentro e fora do campo.

Disputou 589 partidas – 265 vitórias, 199 empates e 125 derrotas – e fez 75 gols pelo clube do antigo Parque São Jorge, hoje Arena Corinthians, ou Itaquerão. Foi campeão paulista em 1979, 1982 e 1983. Biro-Biro participou da Democracia Corinthiana, movimento político-esportivo vigente de 1981 a 1985, lançado pelos colegas de clube Sócrates, Casagrande, Wladimir e Zenon. Seu lema: "Ganhar ou perder, mas sempre com democracia".

O apelido veio da infância. O pai do jogador gostava muito de doce de biro-biro (ou biri-biri, bilimbim e bilimbino), fruto que nasce agrupado ao tronco e ramos de uma árvore tropical originária do sudeste da Ásia. Introduzida no Brasil pela Amazônia, espalhou-se a seguir no Nordeste. É consumido ao natural, usado no preparo de compotas, geleias e caipirinhas, compõe saladas e tempera vinagres. Afetuosamente, o pai chamou seu garoto de Biro-Biro. Paradoxalmente, o filho revelou ao crescer apreço por outro doce: goiabada com creme de leite. E aí começa a história do Arroz Biro-Biro.

O jogador Biro-Biro, ídolo do Corinthians Paulista: inspirou a receita do arroz com seu nome, criada em São Paulo.

FOLHA PRESS

Os jogadores Sócrates e Casagrande frequentavam a Churrascaria Rodeio, em alta moda na época. Ali encontravam torcedores corinthianos, que sentavam juntos à mesa, como Thomaz Souto Correa e Washington Olivetto, que foi convidado na época para ser vice-presidente de marketing do Timão. Logo teve uma das suas ideias brilhantes: formar um grupo de conselheiros com personalidades corinthianas. "Convoquei meus amigos Thomaz, José Bonifácio de Oliveira Sobrinho (o Boni), Walter Clark, André Midani, Juca Kfouri, Flávio Gikovate, Silvio de Abreu e Gloria Kalil", lembra Washington. Depois das reuniões no clube, o conselho se encontrava para jantar na Churrascaria Rodeio.

Outro frequentador da casa era o jornalista gaúcho Tarso de Castro (1941-1991), criador do caderno "Folhetim", da *Folha de S.Paulo* e um dos fundadores do irreverente *O Pasquim*, do qual foi editor por 80 edições, junto com Jaguar, Sérgio Cabral e Luiz Carlos Maciel. Era tão fiel à churrascaria que parecia morar no salão. Um dia pediu ao maître Cecílio um "arroz mais rico" para acompanhar o contrafilé grelhado. Foi atendido imediatamente.

Quando Cecílio ia colocar um ovo frito sobre a porção de arroz, Thomaz o interrompeu em voz alta: "Pare, acabo de ter uma ideia para melhorar essa gororoba! Ontem, fui ao Antiquarius (restaurante de cozinha portuguesa) e comi o Bacalhau Nunca Chega, que mistura ovo e batata palha. Jogue batata palha nessa gororoba".

A história segue contada por Thomaz: "Cecílio colocou a batata palha e o ovo frito sobre o arroz do Tarso e, tudo misturado, ficou supimpa. Claro que, em excesso de imaginação criadora, os amigos e amigas à volta imediatamente disseram que o prato deveria ter meu nome, mas recusei. Não ficava bem, ponderei, que um profissional militando na Editora Abril, como eu, onde se publicavam guias e se atribuíam estrelas, tivesse em um restaurante manifestação tão explícita de compadrio".

Seguindo a tendência do serviço de salão da época, os ingredientes chegavam à mesa previamente elaborados, para a montagem e finalização diante do cliente, em frigideira aquecida no *réchaud*. O mesmo aconteceu com os outros adereços da receita preparada atualmente. Durante muito tempo, o único ingrediente além do arroz, do ovo e da batata-palha era a salsinha. Mas a moda fez a receita incorporar cebola e cebolinha picadas. Vieram a seguir a cebola à tirolesa e o bacon frito.

E por que Biro-Biro? Segundo Thomaz, foi o próprio maître Cecílio quem a batizou. "Parece o cabelo amarelo e encaracolado do Biro-Biro", disse ele. Gastrônomo elegante, Thomaz achou o nome grosseiro, mas não conseguiu evitá-lo. "Foi aí que a comparação batizou e ao mesmo tempo amaldiçoou a minha delicada invenção", acrescenta. "Como pôde uma iguaria de tal simplicidade e elegância ser comparada à cabeleira enroladinha de uma pessoa?" Cecílio, evidentemente, era corinthiano roxo.

ARROZ BIRO-BIRO

RENDE 4 PORÇÕES

INGREDIENTES

CEBOLA À TIROLESA

- 100 g de cebola
- Cerveja o quanto baste
- Farinha de trigo o quanto baste
- Óleo para fritar
- Sal a gosto

ARROZ

- 1 colher (sopa) de manteiga
- 1/4 de cebola picada
- 2 macinhos de cebolinha em finas rodelas
- 300 g de arroz-agulha cozido
- 20 g de bacon frito na frigideira, fatiado e picado
- 2 macinhos de salsinha picada
- 2 ovos fritos em óleo não muito quente (para não crestar a clara) e depois cortados em pedaços (finalização)
- 100 g de batata-palha quebrada grosseiramente (finalização)
- Sal a gosto

PREPARO

CEBOLA À TIROLESA

1. Corte as cebolas em rodelas e coloque-as de molho na cerveja, de maneira que fiquem bem molhadas.

2. Escorra-as, salpique-as com um pouquinho de sal e passe-as na farinha de trigo.

3. Frite-as no óleo quente, até ficarem crocantes, escorra-as em papel absorvente e depois corte-as em pedaços.

ARROZ

4. Em uma frigideira grande, derreta a manteiga, junte a cebola picada e a cebolinha. Deixe dourar, acrescente uma pitada de sal e em seguida despeje o arroz, o bacon e a salsinha. Misture bem.

FINALIZAÇÃO

5. Finalize incorporando ao arroz os ovos fritos, em pedaços, a cebola à tirolesa e a batata-palha.

6. Misture mais uma vez e sirva o Arroz Biro-Biro bem quente.

Receita criada e preparada na Churrascaria Rodeio de São Paulo (SP).

ARROZ DE BRAGA

Os brasileiros que visitam Portugal têm vários motivos para incluir no seu roteiro de viagem a histórica Braga, de 110 mil habitantes, na província do Minho, ao norte do país. Fundada pelos romanos em 16 a.C., com o nome de *Bracara Augusta*, em homenagem ao imperador Augusto, a cidade recebe milhares de turistas a cada ano. São atraídos pela sua velha Sé, cuja construção foi iniciada no século XII, sobre as ruínas de um antigo mercado ou templo dedicado à deusa pagã Ísis; pelas numerosas igrejas católicas e os monumentos históricos; pelos belos jardins; e por uma cozinha apetitosa e generosa.

Entretanto, os brasileiros que forem até lá e quiserem comer o "autêntico" Arroz de Braga – feito à base de frango, toucinho ou bacon, paio, linguiça portuguesa, eventualmente costeleta suína defumada, tomate, repolho, ervilha, alho, salsinha e cebolinha – ficarão decepcionados. Além de não ser preparado na cidade, é completamente desconhecido dos seus restaurantes. Terão que se contentar com o Arroz de Pato à Moda de Braga, a receita de ave famosa na região.

Popularíssimo no Brasil, o Arroz de Braga surgiu em São Paulo na encruzilhada dos séculos XIX e XX. Conquistando apreciadores sem parar, espalhou-se pelo Brasil. Em todos os lugares é considerada uma receita portuguesa. Houve tempo em que fez parte do cardápio popular da cidade de São Paulo, herdado das casas senhoris de antigamente. Os bares e restaurantes o ofereciam na quinta-feira como o prato do dia. Na segunda,

Porto de Santos, na década de 1940: o arroz de braga nasceu em um pequeno restaurante da Rua Itororó, no centro da cidade.

ARQUIVO NACIONAL/REPRODUÇÃO

tinham virado à paulista, na terça, dobradinha, na quarta e sábado, feijoada, na sexta, bacalhoada ou pescada.

Mas o Arroz de Braga não estreou na cozinha paulistana. Como escreveu o jornalista Olao Carmo Rodrigues (1907-1981), no *Almanaque de Santos*, de 1969, foi inventado na cidade de Santos, a 82 quilômetros de São Paulo pela Rodovia dos Imigrantes. Inicialmente, chamava-se Arroz do Braga; depois, recebeu o nome atual. A historiadora Wilma Therezinha Fernandes de Andrade, autora de estudos sobre Santos antiga, avaliza Olao Rodrigues. E quem preparou a receita pela primeira vez? O dono de um pequeno restaurante da Rua Itororó, no centro da cidade. Era conhecido por seu Braga. Só não se sabe se era brasileiro ou português, como muitos supõem. Infelizmente, o nome do restaurante se perdeu.

Certa vez, já tarde da noite, chegou um grupo faminto para jantar. Seu Braga o recebeu com uma má notícia. Dada a hora avançada, sobravam-lhe poucos mantimentos. O grupo suplicou que fizesse qualquer coisa. Então, usando os únicos ingredientes disponíveis, seu Braga improvisou uma famosa receita brasileira de arroz.

A escritora gastronômica alentejana Maria de Lourdes Modesto, autora do best-seller *Cozinha Tradicional Portuguesa* (Lisboa / São Paulo: Editorial Verbo, 1982), primeira-dama da gastronomia lusitana, chamada pelo jornal norte-americano *New York Times* de "Portugal's Julia Child" (Julia Child de Portugal), assegura que o Arroz de Braga é um puro-sangue brasileiro.

"A receita santista não tem nada a ver com os modos de cozinhar o arroz e seus complementos no meu país", assinala. "Há uma variação do Arroz de Pato à Moda de Braga, feita com frango, porém muito diferente. "Maria de Lourdes ainda recorda que no norte de Portugal se prepara um arroz de cabidela finalizado com sangue de frango, ao qual a receita santista também não pode ser comparada.

Trata-se do Arroz de Pica no Chão, um nome irreverente para os brasileiros. O termo é aplicado ao frango criado no campo, que "pica", ou seja, dá bicadas no que encontra para comer. Corresponde ao galináceo caipira de São Paulo. Em Matosinhos, perto do Porto, funciona o Restaurante Pica no Chão. Os portugueses se espantam com as gargalhadas dos brasileiros.

Tecnicamente, o Arroz de Braga e o Arroz de Pato à Moda de Braga diferem bastante. Na receita santista, os ingredientes são previamente refogados. A finalização acontece na própria panela. Já na portuguesa, as carnes cozinham em água, para se obter um caldo no qual irá o arroz, e o prato termina no forno.

A gastronomia de Braga, porém, não se distingue apenas por essa receita. Prepara bacalhaus antológicos: à Moda de Braga, à Narcisa, à Minhota etc. São ainda célebres o Cabrito à Moda de Braga, as Frigideiras do Cantinho ou as da Sé, as Papas de Sarrabulho, os Rojões à Moda do Minho. Notabilizam-se igualmente as sobremesas: Pudim Abade de Priscos, Bolo-Rei Escangalhado, Fidalguinhos de Braga, Toucinho do Céu. Portanto o Arroz de Braga na cozinha da cidade ou da região... nem pensar!

ARROZ DE BRAGA

RENDE 8 PORÇÕES

INGREDIENTES

- 1 frango de mais ou menos 1,5 kg cortado nas juntas
- 2 litros de água (aproximadamente)
- 3 colheres (sopa) de óleo de milho (pode-se usar banha de porco)
- 250 g de toucinho defumado (bacon) cortado em tiras de aproximadamente 1 cm
- Costelinhas de porco defumadas a gosto (opcional)
- 150 g de paio cortado em rodelas de aproximadamente 1 cm
- 300 g de linguiça toscana (a de churrasco) cortada em rodelas de aproximadamente 1 cm
- 2 cebolas médias picadas
- 1 dente de alho picado
- 4 xícaras (chá) de arroz-agulha
- 3 tomates sem pele e sem sementes, picados
- 1 folha de louro
- 100 g de ervilhas frescas
- 300 g de folhas de repolho branco
- Cebolinha picada para polvilhar
- Sal e pimenta-do-reino moída na hora a gosto

PREPARO

1. Tempere o frango com sal e pimenta-do-reino. Em uma panela, esquente o óleo e doure as tiras de toucinho. Quando estiver no ponto, retire-as e reserve-as. Sempre na mesma panela, refogue os pedaços de frango até dourarem. Retire-os e reserve-os.

2. Repita o procedimento com as costelinhas de porco e as rodelas de paio e de linguiça, refogando até ficarem bem douradas. Retire e reserve.

3. Na mesma panela, refogue a cebola e o alho rapidamente. A cebola deve apenas murchar, sem mudar de cor. Junte o arroz e refogue durante uns 3 ou 4 minutos, mexendo, de preferência, com uma colher de pau.

4. Incorpore os tomates e a folha de louro e retorne à panela os pedaços de frango, o toucinho, as costelinhas, o paio e a linguiça. Cubra com a água fervente.

5. Acerte o sal e a pimenta e cozinhe em fogo médio por uns 30 minutos. Tenha cuidado para não exagerar, pois o paio, o toucinho e a linguiça já estão temperados.

6. Rasgue as folhas de repolho com as mãos e junte as ervilhas. Misture tudo e cozinhe por mais 20 minutos. Vá vigiando a panela e, se necessário, coloque mais água.

7. Quando estiver no ponto, retire a folha de louro e polvilhe a cebolinha picada. Sirva quente.

Receita preparada pelo chef *José Alencar de Souza, de São Paulo (SP), com base na difundida pelo grande jornalista Saul Galvão, ardoroso fã do prato.*

ARROZ DE CARRETEIRO

Pérola da cozinha campeira, junto com o churrasco, difundido no Brasil por agricultores e pecuaristas gaúchos que migraram para outros recantos do país e pelas suas churrascarias rodízio, o arroz de carreteiro, arroz carreteiro ou carreteiro foi criado para ser comida de viagem. Surgiu no Pampa – a região natural de coxilhas e canhadas, que ocupa 63% do Rio Grande do Sul, o Uruguai inteiro e as províncias argentinas de Buenos Aires, La Pampa, Santa Fé, Córdoba, Entre Rios e Corrientes. Faz jus ao nome. Veio de carreteiro, o condutor da carreta, carro de boi no vocabulário do Pampa, único veículo capaz de atravessar o Pampa antes da hegemonia do caminhão.

Quando realizavam viagens longas, que duravam meses, transportando produtos da estância (couro e lã) e os de outras procedências, as carretas andavam em caravana. A velocidade ficava em torno de três quilômetros por hora. Uma, duas ou três juntas (parelhas) de bois puxavam a carreta. Dois homens a conduziam. Um ficava dentro, na parte da frente, manejando a guiada, vara comprida dotada de ferro na ponta, para picar e instigar os animais; o outro ia a cavalo ao lado, ajudando-o. Sua capacidade de carga variava de 450 a 1.500 quilos.

A carreta voltava ao ponto de partida com gêneros indispensáveis à vida no campo. Nas paradas junto a um rio ou riacho, onde existisse água limpa e lenha para o fogo, realizadas habitualmente à noite, o grupo ficava em círculo, para melhor proteção e defesa. As carretas iam e regressavam acompanhadas de cavalos de montar e bois para abate e transformação em churrasco nas ocasiões especiais. Entre os gêneros que levavam para consumo próprio, havia sempre arroz, charque, cebola, sal e gordura para cozinhar. No dia a dia, os condutores se alimentavam de arroz de carreteiro.

Charqueada do Brasil, aquarela de Jean-Baptiste Debret, de 1828: os bois eram abatidos a céu aberto e a secagem da carne salgada acontecia ao ar livre.

Na receita primitiva, usava-se apenas charque refogado na cebola, que depois cozinhava em água com o arroz. Podia-se acrescentar ovos cozidos e tempero verde. Uma pitada de pimenta não contrariava a tradição. Mas nada de tomate, ingrediente perecível e, portanto, complicado de ser transportado pelos carreteiros. O legítimo arroz de carreteiro leva charque bovino, a carne salgada e desidratada, curtida em mantas, típica do Pampa. A palavra vem de *charqui*, da língua indígena quíchua, ainda hoje falada por grupos étnicos andinos da Argentina, da Bolívia, do Chile, da Colômbia, do Equador e do Peru.

Assemelha-se ao produto que em outras regiões se denomina carne-seca. Entretanto apresenta maior quantidade de sal (de 12% a 15%) e permanece mais tempo exposto ao Sol. Portanto dura mais, tendo sido por isso importante item de exportação do Rio Grande do Sul. Sai da parte dianteira do boi e da menos prestigiada ponta de agulha. Difere da carne de sol largamente consumida no Nordeste, feita com toda a carcaça bovina e menor teor de sal (entre 5% e 6%). Além disso, a carne de sol passa por secagem rápida, o que lhe confere certa umidade interna.

Curiosamente, o charque gaúcho começou a ser produzido no Nordeste – e não no Sul, onde antigamente pastava a maior parte do rebanho bovino nacional, que hoje se encontra no Centro-Oeste. O pioneirismo nordestino se deveu a fatores especiais. Foi na região que os portugueses encontraram os melhores locais para represar a água do mar, evaporá-la e liberar o sal. Mais: no Nordeste havia rebanho bovino suficiente, pastoreado e multiplicado a partir do século XVII, com a implantação das fazendas de gado.

O charque era a única possibilidade de conservação da carne em uma época na qual se desconhecia a refrigeração elétrica. Também rendia dinheiro. Conduzidos vivos para os mercados consumidores, os animais perdiam peso e se desvalorizavam. Quando abatidos para fazer charque, a situação mudava. O charque durava meses e podia ser transportado para longas distâncias. Seus centros de produção enriqueceram, e o povo se deu ao luxo até de importar confortos europeus. Os navios que levavam o produto para a Europa retornavam com louças, talheres, cristais, móveis, livros, bebidas etc.

Segundo alguns historiadores, a industrialização do charque começou em São José do Porto dos Barcos, hoje Aracati, no Ceará, conhecida, na atualidade, pela praia da Canoa Quebrada e seu animadíssimo carnaval. Daquela cidade saiu o português José Pinto Martins, fugindo da desastrosa "seca dos três setes", que durou de 1777 a 1779. A falta prolongada de chuva provocou uma crise econômica e social sem precedentes. Multidões migraram para outros cantos do país.

Pinto Martins mudou para o Rio Grande do Sul e acredita-se que fundou a primeira charqueada no estado, às margens do Arroio Pelotas, no município homônimo. Com isso inaugurou o ciclo de ouro do charque no Brasil. O pintor e desenhista francês Jean-Baptiste Debret (1768-1848) retratou a atividade em duas famosas aquarelas sobre papel, de 1828 e 1929. Em uma, gaúchos abatem animais; a outra mostra a charqueada para onde se destinavam. No Rio Grande do Sul, o charque recebeu seu nome.

Até então era conhecido como carne-seca e carne do Ceará. Entre os gaúchos, o arroz de carreteiro costuma ser prato principal da refeição ou acompanhamento do churrasco. O mesmo acontece em Goiás e Mato Grosso, estados onde a receita foi introduzida em passado relativamente recente por colonos sul-rio-grandenses. Saborear o arroz de carreteiro é apreciar um dos pratos mais representativos da cozinha popular brasileira.

ARROZ DE CARRETEIRO

RENDE 8 A 10 PORÇÕES

INGREDIENTES

- 2 kg de charque de boa qualidade, limpo, sem pelancas e sebo
- 1 cebola grande picada
- 1/2 xícara (chá) de óleo
- 5 xícaras (chá) de arroz parboilizado
- Sal a gosto (se necessário)
- Ovos cozidos, salsinha e cebolinha, tudo picado, para acompanhar

PREPARO

1. Corte o charque em cubos de 1 cm, lave-o muito bem e coloque-o de molho em água fria, por cerca de 1 hora e meia. Escorra-o e deixe por mais 1 hora e meia em nova água.

2. Escorra novamente a carne, coloque-a em uma panela e junte água fria o suficiente para ultrapassar três a quatro dedos da carne.

3. Deixe o charque ferver por cerca de 50 minutos ou até que fique macio.

4. Retire o charque, reservando o caldo do seu cozimento.

5. Em uma panela, de preferência de ferro, doure a cebola no óleo quente. Junte o charque e vá fritando até pegar um pouco no fundo da panela, mexendo de vez em quando.

6. Acrescente o arroz e coloque o caldo que ficou reservado, que deve estar quente, completando com água quente (para cada xícara de arroz são necessárias 2 xícaras de líquido).

7. Quando retomar a fervura, diminua o fogo e cozinhe o arroz, com a panela tampada, por cerca de 20 minutos, ou até a água secar. Verifique se é necessário colocar sal.

8. Sirva o carreteiro polvilhado com os ovos cozidos, a salsinha e a cebolinha.

Receita do grande cozinheiro amador Jarbas Duarte Pessano, de Porto Alegre (RS).

ARROZ DE PUTA RICA

Quase todas as comidas populares do Brasil têm versões diferentes para sua invenção. Acaba predominando como verdadeira a que reúne mais opiniões favoráveis. No caso do Arroz de Puta Rica, porém, é impossível decidir qual história apoiar. Cada fonte atribui-lhe uma origem. Certo é, apenas, que a receita surgiu em Goiânia, capital do Estado de Goiás.

Alguns associam sua criação a uma cafetina francesa em atividade na cidade, cuja identidade se perdeu; o mesmo aconteceu com o nome da sua casa. Ela, na verdade, teria enriquecido um prato já prestigiado de arroz – Goiás é um dos maiores produtores brasileiros desse grão – para gratificar aos clientes mais pródigos com as mulheres do bordel.

Acrescentou-lhe ingredientes considerados de alta distinção pela população em geral: linguiça calabresa, sobrecoxa de frango, ervilhas e azeitonas verdes em conserva, açafrão goiano ou cúrcuma, cuja primeira característica é transferir cor amarela aos alimentos. A fartura batizou o prato.

Acredita-se que o Arroz de Puta Rica descenda do Arroz de Puta Pobre, antigamente improvisado pelas prostitutas. Segundo a voz do povo, elas precisavam fazer a própria comida no final do expediente. Então, cozinhavam um arroz com os ingredientes disponíveis na despensa do bordel, sem seguir uma receita padronizada. Essa versão, porém, esbarra no fato de o Arroz de Puta Pobre ter fórmula catalogada. No livro *A Cozinha Goiana – Estudo – Receituário* (Rio de Janeiro: Brasilart Editores, 1967), por exemplo, o escritor Bariani Ortencio, um goiano nascido em São Paulo, ensina como prepará-la.

As prostitutas de Goiânia precisavam fazer a própria comida no final do expediente e acabaram desenvolvendo sua receita de arroz.

Corta-se a carne em tiras. Tempera-se e frita-se. Adiciona-se água e deixa-se cozinhar. Quando a água seca, frita-se outra vez na gordura remanescente. Refoga-se o arroz junto com a carne. Acrescenta-se água para cozinhar. Antes que seque, junta-se feijão pagão (apenas cozido, sem amassar). Mexe-se e serve-se.

Outras fontes creditam a invenção do Arroz de Puta Rica a algum bar ou restaurante vizinho de bordel. O dono o divulgou com a designação chula, porém bem-humorada, por uma questão de marketing. As pessoas achavam o nome engraçado, pediam e terminavam seduzidas – gastronomicamente, é claro.

A receita foi incorporada ao rico cardápio goiano de arrozes. O estado também se ufana do Arroz de Pequi, o fruto do pequizeiro, com sabor marcante e peculiar, muito usado em culinária; do Arroz de Guariroba, o palmito ou broto de uma palmeira nativa do Brasil, de sabor amargo quando comparado aos palmitos doces da Mata Atlântica; completam o elenco de delícias da mesa regional o Arroz com Pequi e Carne, o Arroz com Suã, o Arroz com Galinha e o Arroz com Entrecosto.

Qual a receita que se encontra no pódio? O Arroz de Puta Rica, pela facilidade de se achar seus ingredientes, em qualquer época do ano, pelo sabor extraordinário e, obviamente, por ser a receita brasileira de nome mais irreverente. Não por acaso, o prato virou uma espécie de porta-bandeira da cozinha de Goiás e se espalha no país. No Rio Grande do Sul, há uma receita equivalente. É o Arroz de China (meretriz) Pobre. As ricas deveriam comer churrasco... Portanto, há também quem diga que o Arroz de Puta Rica teria influência dos gaúchos que ajudaram a colonizar Goiás.

Chapada dos Veadeiros: um dos principais atrativos de Goiás, junto com a gastronomia rica em receitas de arroz.

ARROZ DE PUTA RICA

RENDE 8 PORÇÕES

INGREDIENTES

- 300 g de carne de sol demolhada cortada em cubos (para demolhar a carne de sol, escalde os cubos em água fervente durante 10 minutos. Repita o processo três vezes, sempre repondo a água)
- 4 fatias finas de toucinho defumado (bacon) picado
- 2 colheres (sopa) de azeite de oliva
- 1 gomo (cerca de 250 g) de linguiça calabresa fresca cortada em rodelas
- 2 coxas de frango, com as sobrecoxas, cortadas à passarinho
- 1 colher (sopa) de açafrão de Goiás (cúrcuma)
- 1 linguiça defumada (cerca de 200 g) cortada em rodelas
- 3 dentes de alho amassados
- 3 xícaras (chá) de arroz agulhinha lavado e escorrido
- 6 xícaras (chá) de água fervente
- 1 xícara (chá) de ervilhas em conserva escorridas
- Sal e pimenta-do-reino moída na hora a gosto
- Salsinha para decorar

PREPARO

1. Em uma panela grande, refogue o toucinho no azeite, em fogo alto. Acrescente a linguiça fresca, os pedaços de frango, a carne de sol, o açafrão e mexa até dourar.

2. Adicione então a linguiça defumada e o alho. Deixe fritar levemente, incorpore o arroz, refogue por 3 minutos, cubra com água fervente e tempere com sal e pimenta

3. Tampe parcialmente a panela e deixe cozinhar em fogo brando, até que as carnes fiquem macias. Se necessário, coloque um pouco mais de água fervente.

4. Depois de pronto, junte as ervilhas e as azeitonas. Misture tudo delicadamente com um garfo e finalize decorando com a salsinha.

Receita preparada pela chef *Janaina Rueda, do Bar da Dona Onça, de São Paulo (SP).*

ARROZ DE PATO

Todo restaurante que pratica a cozinha portuguesa tradicional, no Brasil, precisa ter no cardápio Arroz de Pato. O elenco de pratos obrigatórios é completado por Caldo Verde, Bacalhau à Lagareiro, Nunca Chega e à Gomes de Sá, além da infalível seleção de doces conventuais. Caso não ofereça essas especialidades, o restaurante arrisca perder a identidade. Preparado com uma carne de cor escura, com textura delicada, sabor forte característico e gordura concentrada na pele, o Arroz de Pato atiça o apetite de uma infinidade de pessoas.

Ignora-se onde a receita lusitana foi criada. Sabe-se apenas da sua origem popular. É famoso o Arroz de Pato de Lafões, região no centro de Portugal, onde estão os municípios de Oliveira de Frades, São Pedro do Sul e Vouzela. Agora, porém, tende-se a acreditar que o prato nasceu na bimilenar cidade de Braga, fundada pelos romanos em 16 a.C., no norte de Portugal, centro de uma gastronomia sublime.

Entretanto não se trata de receita antiquíssima. "Difundiu-se em Portugal a partir de meados do século XX, com a necessidade de se comer fora de casa e a consequente multiplicação dos restaurantes", informa o cronista e escritor gastronômico transmontano Virgilio Nogueiro Gomes. "Depois, espalhou-se pelo mundo como sinônimo de comida lusitana." A população bracarense se orgulha merecidamente dessa difusão.

O que melhor caracteriza a receita de Braga é um caldo no qual cozinham carne

Patos Selvagens, óleo de Cesare Dandini, do século XVII, exposto no Corridoio Vasariano, de Florença, Itália: na verdade, são marrecos, aves sedentárias em Portugal, mas geralmente migratórias.

de pato, chouriço, orelha de porco e presunto. O arroz é finalizado no forno, com pedaços da ave. O toque especial fica por conta da incorporação de cítricos. Adiciona-se suco de limão no caldo e laranja como acompanhamento, com a finalidade de quebrar a gordura da preparação.

À parte o extraordinário resultado da receita bracarense, pode-se discutir seu nome. Pato é o nome genérico de aves aquáticas palmípedes (que têm os dedos dos pés unidos por membrana), que podem ser de caça ou criação. Também define as pessoas tolas, o mau jogador. "Cair como um pato" significa deixar-se enganar ou lograr. Mas essas acepções vulgares não interessam agora.

Do ponto de vista científico, porém, a Europa não deveria falar em pato. No Velho Continente, há predominância absoluta do marreco (*Anas boschas* ou *Anas platyrhyncha*), animal sedentário em Portugal, mas na maioria das vezes migrador. Encontra-se ainda no sul, leste e sudeste da Ásia, de onde seria originário, no norte da África e na América do Norte.

Tem o corpo mais alongado do que o pato, a postura vertical, bico chato e largo, cauda pequena. Corresponde, por exemplo, ao Pato Donald, ou Donald Duck (em inglês). Afinal, o rabugento, azarado e divertido personagem dos desenhos animados e histórias em quadrinhos de Walt Disney, criado em 1934, é um marreco.

Já o verdadeiro pato (*Cairina moschata*) teve origem na América do Sul, sendo comum no Brasil. Não por acaso, recebe o nome do nosso continente. Os peruanos dizem que o pato americano foi domesticado no Império Inca, surgido no seu país em algum momento do século XIII e conquistado pelos espanhóis em 1533. Por isso o chamam ainda de pato do Peru. Seu corpo é mais achatado, a postura horizontal, o bico fino e comprido, a cauda bem maior, formando uma espécie de leque.

Mas o Arroz de Pato não é exclusividade da cozinha portuguesa. Prepara-se um prato assemelhado na Espanha, sobretudo na província de Sevilla, entre La Puebla der Rio e Aznalcázar, onde se estende um dos maiores arrozais da Europa. Como ali aparecem bandos da ave para atacar os grãos da planta, o prato típico passou a ser Arroz com Pato.

Levada pelos espanhóis, a receita chegou ao Peru no século XIX. A referência mais antiga a ela foi escrita em 1860 pelo poeta colombiano Próspero Pereira Gamba (1825-1896). É típica de Lambayeque, ao noroeste do país, um dos departamentos que formam a República do Peru, cuja capital é Chiclayo. Curiosamente, leva cerveja – a escura e a clara. A cor verde característica do prato se deve ao fato de incorporar folhas de coentro.

Ultimamente, surgiram receitas peruanas batizadas segundo a coloração que adquirem em função dos ingredientes utilizados. Assim, temos o Arroz de Pato Amarelo (tingido pela cenoura, pelo tomate e pelo pimentão vermelho) e o Arroz de Pato Colorado (tingido pelo pimentão vermelho e *achiote*, um condimento de sabor forte e cor vermelha intensa). São receitas deliciosas? Certamente. Mas quem já provou o Arroz de Pato à moda de Portugal, tanto o de Lafões como o de Braga, aplaude o primado lusitano.

ARROZ DE PATO

RENDE 6 PORÇÕES

INGREDIENTES

- 1 pato de aproximadamente 2 kg limpo
- 100 ml de azeite de oliva
- 100 g de bacon picado
- 2 cebolas médias em pedaços
- 1 cabeça de alho em pedaços
- 2 ramos de salsinha
- 1 ramo de salsão em pedaços
- 2 folhas de louro
- 300 ml de vinho tinto seco
- 3 xícaras (chá) de arroz carolino
- 200 g de chouriço português cortado em rodelas
- 100 g de azeitonas sem caroço
- Sal e pimenta-do-reino preta em grãos a gosto

PREPARO

1. Em uma panela grande, aqueça o azeite, junte o bacon, as cebolas, o alho, os ramos de salsinha, o salsão, o louro e os grãos de pimenta.

2. Adicione o vinho e depois o pato. Cubra com água e cozinhe até a carne ficar macia. Se necessário, complete com mais água. Quase no final do cozimento, tempere com sal.

3. Quando o pato estiver macio, retire-o, desosse-o e desfie a carne grosseiramente, descartando as peles. Coe o caldo do cozimento e retorne-o à panela, descartando o excesso de gordura que ficou na superfície.

4. Aqueça o caldo (que deve ter cerca de duas vezes o volume do arroz) e, assim que ferver, incorpore o arroz.

5. Apague o fogo antes de o arroz atingir seu cozimento completo e misture o pato desfiado, as rodelas de chouriço e as azeitonas.

6. Finalize o cozimento em forno quente, por cerca de 20 minutos, com a panela destampada. Sirva bem quente.

Receita preparada no restaurante de cozinha portuguesa A bela Sintra, de São Paulo (SP), sob a supervisão do restaurateur *Carlos Bettencourt.*

PAELLA

Símbolo da gastronomia da Espanha, tão popular no mundo que se aparecesse no centro da sua bandeira todos saberiam qual país representa, a paella foi inventada no interior da província de Valência, na costa do Mediterrâneo. Quando saíam de madrugada para o trabalho, nos séculos XVI e XVII, os camponeses levavam azeite, arroz, açafrão, sal e uma panela redonda, ampla e rasa, com suas alças – a *paella*. O nome veio de *patella*, a bandeja utilizada pelos romanos nos rituais de fecundação da terra.

Ainda pela manhã, caçavam uma lebre ou pato selvagem, colhiam legumes da estação e recolhiam caracóis. Ao meio-dia, acendiam o fogo, colocavam em cima a panela homônima, com os ingredientes encontrados – e preparavam o almoço. Também acrescentavam os temperos trazidos de casa. Só mais tarde foi incorporado o tomate, fruto originário da América, que aportou na Espanha depois da colonização pelos europeus. Todo o ritual da paella transcorria ao ar livre.

Quando migrou para outros lugares do país, a receita valenciana ganhou variações. Foram criadas a paella mista, à base de carnes e frutos do mar, como o camarão; a marinera, feita com peixes e frutos do mar; a negra, que incorpora tinta de lula. Além disso, surgiram paellas apenas de verdura, alcachofra, fígado ou morcela. Apareceu igualmente no porto de Gandia, em Valência, por obra de pescadores que estavam sem arroz para cozinhar, uma paella de massa. Denomina-se *fideuà*. O nome vem de *fideo*, que significa aletria, macarrão.

Albufera, em Valência, na Espanha: desde a ocupação árabe, o arroz é um dos cultivos mais característicos e de maior tradição ali.

Os espanhóis saboreiam a paella em batizados e casamentos, nos feriados religiosos e nos fins de semana, pois se trata de prato festivo, comunitário. Sua elaboração compete ao homem, geralmente ao chefe da casa. Tradicionalmente, é feita ao ar livre, em fogo a lenha, longe da cozinha e da conotação feminina que esse compartimento da casa possui entre as pessoas machistas.

O chefe da casa transmite apenas aos filhos homens os truques aprendidos com os ancestrais ou exercitados no trabalho culinário. Claro, há paella de fogão a gás. Isso começou nas cidades e, por razões óbvias, nos seus restaurantes. O prato nacional da Espanha perdeu assim um pouco da magia original, mas continuou a ter importância social.

O território de Valência possui raros bosques naturais. Por causa da escassez de lenha, os camponeses iniciaram a fazer paella com fogo de ramos e lascas de árvores frutíferas, especialmente de laranjeiras, cultivadas havia séculos na região. Esse material produzia brasas miúdas, uniformes, de calor intenso. E seu agradável perfume impregnava e temperava ligeiramente a comida.

Cozinha-se exclusivamente na panela tradicional, com muita base, pouco fundo e borda baixa. É a única capaz de cozinhar o arroz em extensão e não em altura, segundo a receita. Sua superfície ampla garante a perfeita evaporação da água. Conforme o número de pessoas que vai saborear a paella, escolhe-se o diâmetro da panela. Pode ser de 30 centímetros (2 a 3 pessoas), 40 (4 a 5), 50 (6 a 8), 55 (10), 60 (12) ou 65 (15).

O grão do arroz deve ser médio, com 5,2 a 6 milímetros de comprimento. Recomenda-se o bomba, com grão do tipo curto, da subespécie japônica. Junto com o tipo senia, faz parte da D.O. (denominação de origem) de arrozes de Valência. É o que absorve melhor os sabores do cozimento tanto os de carnes, peixes, frutos do mar como os de verduras ou legumes. Na prática, funciona como uma esponja. O ponto de cozimento também é importante. O arroz deve ficar inteiro, seco e solto. Se passar, rompe o grão e desperdiça o amido. O sabor diminui e a textura fica pastosa.

Como o arroz não pode ser mexido durante o cozimento, alguns dizem que a parte mais deliciosa da paella fica no fundo e nas laterais da panela. É o socarrat, que reúne os grãos que, aderindo ao metal, adquirem cor marrom e um queimado crocante. Já a quantidade de azeite, convém ser bem dosada. Da mesma forma, evita-se a paella gordurosa.

Finalmente, dá-se bastante importância ao volume de água. Quando excessivo, desvirtua o cozimento. Enfim, muitos valencianos acreditam que a verdadeira paella é feita com água de sua terra natal. Aí, porém, trata-se de uma convicção bairrista.

Chega então a hora de servir. O ideal é que todos comam à vontade. Antigamente, o ritual era ainda mais comunitário. O autor da paella desenhava no arroz triângulos exatos, a partir do centro, dividindo-a em partes iguais. Cada presente ficava com uma porção e respeitava as que cabiam aos outros. Colocava no prato e mandava ver. "Para o bom apreciador, meia paella basta", diz o provérbio valenciano.

PAELLA VALENCIANA

RENDE 6 PORÇÕES

INGREDIENTES

- 100 g de favas brancas deixadas de molho por cerca de 5 a 6 horas
- 400 g de pato desossado
- 500 g de coelho cortado em pedaços
- 150 ml de azeite de oliva
- 200 g de vagens (tipo macarrão) sem as pontas e cortadas ao meio
- 2 tomates maduros, sem casca, picados
- 100 g de feijão (tipo carioca)
- 800 g de arroz-agulha parboilizado
- 1 colher (sobremesa) de açafrão em pó
- 1 colher (sobremesa) de pistilos de açafrão
- Água quente o quanto baste
- Ramos de alecrim para aromatizar
- Sal a gosto

PREPARO

1. Cozinhe as favas em água. Escorra-as e reserve-as.

2. Tempere o pato e o coelho com sal.

3. Em uma paella, aqueça o azeite, incorpore o pato, refogue bem e desfie. Coloque os pedaços de coelho e continue refogando.

4. Disponha as vagens, misture e junte os tomates. Cubra os ingredientes com a água, aumente o fogo e introduza os feijões e as favas. Ajuste o sal.

5. Cozinhe até os feijões ficarem macios, coloque o arroz, os dois tipos de açafrão, o alecrim e misture. Se necessário, adicione mais água, aos poucos, até o arroz chegar ao ponto desejado.

6. Retire do fogo, cubra com papel-alumínio e deixe os ingredientes descansarem por cerca de 5 minutos, para expandirem os aromas. Sirva em seguida.

Receita de Rafael Rios Escalona, de São Paulo (SP), filho do legendário Francisco Rios Dominguez, o Don Curro, e da talentosa cozinheira Dona Carmen

RISOTTO ALLA MILANESE

Originário das regiões italianas da Lombardia, cuja capital é Milão, e do Piemonte, com sede administrativa em Turim, o risotto foi introduzido oficialmente no Brasil pelo restaurante Fasano da Rua Haddock Lobo, em São Paulo, aberto em 1990. Na verdade, o prato já existia no Brasil, porém carecia de autenticidade. A receita puro-sangue só era seguida na casa dos lombardos e seus descendentes, como Rogério Fasano, sócio, administrador e rosto do restaurante homônimo, ou dos piemonteses e seus filhos.

Eles traziam da Itália o arroz necessário ao prato, aquele cujos grãos liberam lentamente o amido durante o cozimento, tornando-os macios, mas resistentes ao dente. Nos restaurantes brasileiros, faltava esse ingrediente fundamental. Eles faziam risotto com o agulhinha brasileiro, desaconselhado porque cozinha depressa e fica solto demais. O pecado ocorria sobretudo em São Paulo.

O Fasano ensinou ao Brasil o risotto com o arroz autêntico e usou sua verdadeira técnica de preparo, de modo a torná-lo pastoso e com a consistência *all'onda*, cremosa e nunca fluida como uma sopa. Para esse resultado, também é necessário mexer continuamente os grãos na panela, em um movimento que vai do centro para a borda, controlando-se o cozimento dos grãos. Acrescenta-se aos poucos caldo de carne, galinha, peixe ou vegetal. Geralmente, deixa-se o arroz cozinhar entre 16 e 17 minutos.

Os lombardos chamam de *riso alla forchetta* (arroz ao garfo) o risotto feito com esses cuidados, pois que ele acaba sendo saboreado com esse talher. O lombardo Luciano Boseggia, na época chef do Fasano, ganhou o apelido de Rei do Risotto, tamanho o sucesso do prato. Depois, lançou o livro *Il Riso In Tasca* (São Paulo: DBA-Melhoramentos, 1997), em que ensina seus truques.

Quando o Fasano abriu na Rua Haddock Lobo, só a Itália produzia os grãos imprescindíveis à receita. A Província de Vercelli, no Piemonte, destacava-se no seu cultivo. O problema no Brasil eram as dificuldades da importação, criadas pelas autoridades.

Catedral de Milão, na Itália: o *risotto alla milanese* teria surgido para homenagear um jovem artesão que coloria os vidros do templo usando açafrão.

Por isso, Rogério trazia o arroz do risotto na sua bagagem pessoal. Só mais tarde conseguiu importá-lo. Atualmente, o problema desapareceu. Há arroz italiano à vontade no Brasil e inclusive produção nacional. Os cozinheiros recomendam seis variedades para o risotto, sendo três as mais consumidas: *arborio*, *carnaroli* e *vialone nano*.

Muitos países têm receitas antológicas à base de arroz: a Paella da Espanha, o Pilaf do Oriente Médio, o Arroz de Pato de Portugal; os arrozes de Carreteiro, Biro-Biro, de Braga e Puta Rica são do Brasil. Entretanto nenhum desenvolveu, como a Itália, um método tão original de prepará-lo. Segundo a inglesa Elizabeth David, no livro *Cozinha Italiana* (São Paulo: Companhia das Letras, 1998), o risotto é a mais extraordinária comida de arroz. Em sua opinião, trata-se de "um prato de natureza completamente diferente e única". Sempre que falamos em risotto, porém, nos vem à mente a receita *alla milanese*. Leva açafrão em pistilos ou pó, de cor amarelo-avermelhada, retirado de uma flor mediterrânea. Essa erva serve como tempero culinário, corante e medicamento.

O *risotto alla milanese* ainda incorpora manteiga, cebola picada, vinho branco seco, caldo de carne, queijo *parmigiano-reggiano*. Nos primórdios levava tutano bovino, gordura utilizada junto com a manteiga. O gastrônomo italiano Pellegrino Artusi (1820-1911) publicou três receitas do prato na obra *La Scienza in Cucina e l'Arte di Mangiar Bene* (Roma: Newton & Compton Editori, 1975), na qual codificou a cozinha italiana em trabalho semelhante ao realizado por Auguste Escoffier (1846-1935) na França. Variam ligeiramente, mas todas incorporam açafrão. A última reinterpretação do *risotto alla milanese* foi realizada pelo chef Gualtiero Marchesi, pioneiro da moderna cozinha italiana. Em 1982, ele passou a servi-lo tendo no alto uma finíssima lâmina de ouro comestível. Denominou-o *riso, oro e zafferano*.

O *risotto alla milanese* se converteu em emblema gastronômico da Lombardia, a mesma terra da bresaola, do minestrone, da costolette alla milanese, do *ossobuco alla milanese* e outras joias. O prato descende do *riso col zafran*, iguaria procedente do Oriente Médio introduzida na Itália pelos árabes no século VIII, quando invadiram a Sicília. Massimo Alberini (1909-2000), escritor e estudioso de antigos textos de cozinha, recuperou uma receita antológica: o *riso alla ciciliana* (isso mesmo, com *c*), datada de 1549. Mandava cozinhar o arroz em "caldo grosso reforçado com ovo e enriquecido com açúcar" (a culinária renascentista adorava o agridoce); no último momento, incorporava queijo ralado e açafrão. A ascendência siciliana se evidenciaria pelo uso do arroz e do açafrão: ambos são de herança árabe.

No livro *Opera – Dell'Arte del Cucinare*, porém, Bartolomeo Scappi (1500-1577), cozinheiro particular dos papas Pio IV e Pio V, publicou a receita de uma *vivanda* (iguaria, manjar) *di riso alla lombarda* que consolidou o primado milanês. Compunha-se de arroz cozido e temperado com queijo, ovo, açúcar, canela, frango capão, *cervellato* (antigo embutido de banha de porco e miolo de boi). Por último, coloria-se com açafrão.

Na Lombardia, conta-se uma história instigante sobre a invenção do *risotto alla milanese*. Saiu publicada na *Grande Enciclopedia Illustrata della Gastronomia* (Milano: Selecione dal Reader's Digest, 2000). Entre os anos de 1572 e 1576, trabalhava no acabamento da Catedral de Milão o pintor flamengo Valério Perfundavalle da Lovanio, ou Valério di Fiandra. Montava o belíssimo Vitral di San Giuseppe, na nave esquerda.

Na coloração dos vidros de então, conseguia-se magnífico efeito com o emprego do açafrão. O especialista em temperá-los era um ajudante de Valério. Graças ao ofício, recebeu dos colegas o apelido de Zafferano (Açafrão). Em 1534, o rapaz se casou com a filha do patrão. No banquete de núpcias, os colegas fizeram uma brincadeira. Encarregaram quatro valetes de oferecer-lhe um arroz colorido com açafrão, amarelo como ouro. Teria nascido assim o *risotto alla milanese*, também chamado de *giallo* ou *zafferano*. Pode-se acreditar na versão? *Se non é vero... é ben trovato!*

RISOTTO ALLA MILANESE

RENDE 4 PORÇÕES

INGREDIENTES

CALDO DE CARNE

- 1 kg de carne (prefira músculo) em pedaços
- 50 g de cenoura em pedaços
- 50 g de salsão em pedaços
- 50 g de cebola em pedaços
- 2 1/2 litros de água
- Sal e pimenta-do-reino moída na hora a gosto

RISOTTO

- 380 g de arroz carnaroli
- 1 colher (sopa) de cebola picada
- 2 colheres (sopa) de manteiga
- 1/2 xícara (chá) de vinho branco seco
- 1 1/2 litro de caldo de carne
- 3 envelopes de açafrão italiano em pó
- 100 g de tutano bovino (opcional)
- 4 colheres (sopa) de queijo parmesão ralado
- Açafrão em pistilos para a decoração

PREPARO

CALDO DE CARNE

1. Em uma panela, coloque todos os ingredientes. Quando ferver, abaixe o fogo, tampe e cozinhe por 1 hora.

2. Retire do fogo, passe pelo coador e reserve o caldo.

RISOTTO

3. Em outra panela, faça murchar a cebola em metade da manteiga, mexendo. Assim que estiver transparente, junte o arroz, mexendo por alguns minutos.

4. Adicione o vinho e deixe evaporar em fogo alto. Incorpore aos poucos o caldo de carne quase em ponto de fervura, à medida que o arroz for secando. Mexa seguidamente.

5. Após uns 10 minutos, junte o açafrão dissolvido em um pouco de caldo de carne e continue mexendo e colocando mais caldo, se necessário, até o arroz ficar al dente.

6. Nos últimos minutos, se quiser, acrescente o tutano e mexa bem.

7. Retire do fogo, coloque a manteiga (1 colher) que sobrou e o parmesão ralado. Misture, decore com os pistilos de açafrão e sirva imediatamente.

Receita preparada no restaurante Fasano, de São Paulo (SP), sob a orientação e chancela do restaurateur *Rogério Fasano.*

JAMBALAYA

Jambalaya é o prato mais conhecido internacionalmente da culinária creole, característica da Luisiana, um dos 50 estados norte-americanos, no sul do país, à beira do Golfo do México; e também de New Orleans, sua maior cidade. Costuma ser considerada receita multicultural.

A região foi explorada sucessivamente pelos franceses, espanhóis, estadunidenses, alemães, irlandeses e italianos da Sicília, além de sofrer enorme influência dos mulatos e negros, muitos dos quais refugiados do Haiti, chegados para trabalhar nas plantações de algodão e arroz, a grande riqueza da região. Todos deixaram as suas contribuições, inclusive na gastronomia.

A culinária creole surgiu entre o povo homônimo, de ascendência francesa e espanhola. Costuma ser dividida em *haute creole*, caracterizada pelos molhos delicados e apresentação impecável dos pratos, e *low creole*, que faz combinações mais simples, privilegiando o arroz e o feijão vermelho.

Ambas são pródigas em cebola, cebolinha, salsa, cravo-da-índia, pimenta-caiena e também em salsicha e frutos do mar. Outra linha culinária da Luisiana é a *cajun*, nome dado pelos índios aos colonos de origem francesa, expulsos da Nova Escócia, uma das dez províncias do Canadá, que foram parar ali. Recebeu igualmente influência cultural dos negros.

Os cajuns eram fundamentalmente agricultores e pescadores. Aprenderam a preparar os ingredientes locais, muitas vezes usando técnicas da culinária francesa. Também seguiam o catolicismo. Daí dizerem que a base de sua culinária é a "Santíssima

Trindade", não a que se refere ao mistério central da maioria das religiões cristãs, mas a vegetal: cebola, pimentão verde e aipo. São esses os ingredientes de muitos dos seus pratos.

Quanto à receita do Jambalaya, muitos dizem ter influência direta da paella, levada pelos espanhóis. Cada família da Louisiana conserva a sua. Segundo a *Grande Enciclopedia Illustrata della Gastronomia* (Milano: Selecione dal Reader's Digest, 2000), há quatro receitas básicas do prato. Todas mesclam ao arroz diferentes carnes.

A primeira, mais difundida, chamada de creole, leva tomate, cebola, pimentão, presunto, carne de porco, linguiça picante e pimenta-caiena; a segunda incorpora os mesmos ingredientes da anterior, porém é feita com carne de frango; na terceira vão crustáceos, sobretudo camarões e lagostins; na última se coloca coelho selvagem. Identifica-se ainda uma Jambalaya de estilo cajun, sem tomate. Enfim, a variedade é enorme.

A palavra *jambalaya* viria da espanhola *jamón*, ou da equivalente francesa *jambon*, isto é, de presunto; e de *ya*, que significaria arroz em um dialeto dos negros. Aliás, seus grãos são cultivados na Louisiana há mais de 250 anos. No passado, eram plantados até no quintal das casas. O solo argiloso, capaz de reter a umidade, favorece a atividade. Na cidade de New Iberia funciona ainda o moinho beneficiador de arroz mais antigo dos Estados Unidos, fundado em 1912 e declarado Monumento Histórico Nacional. Explica-se por que a Louisiana inventou a Jambalaya.

JAMBALAYA

RENDE 4 PORÇÕES

INGREDIENTES

- 600 g de cubos de frango (peito e sobrecoxa desossados e sem pele)
- 2 dentes de alho machucados grosseiramente
- 1 dente de alho bem picado
- 4 colheres (sopa) de óleo de milho
- 1 cebola grande e roxa picada
- 1/2 pimentão verde picado
- 1/2 pimentão vermelho picado
- 2 folhas de louro
- 1/2 xícara (chá) de tomate concassé (faça um x em um lado do tomate, coloque em água fervente, retire e dê um banho de água gelada. Puxe fora a pele, divida-o ao meio e descarte as sementes. Corte em tirinhas e, em seguida, em pequenos cubos)
- 1 colher (sopa) de salsão em *brunoise* (corte de vegetais em palitos regulares, depois em cubos)
- 400 g de linguiça defumada cortada em rodelas (pode ser picante)
- 1 kg de camarões médios limpos
- 1/2 xícara (chá) de ervas frescas picadas (salsinha, manjericão, orégano e tomilho)
- 1 1/2 xícara (chá) de arroz-agulha
- 3 xícaras (chá) de caldo de frango
- 200 g de presunto cozido cortado em cubos
- Sal, pimenta-caiena e páprica a gosto para polvilhar
- Buquê de folha de louro e cebolinha finamente fatiada para a decoração

PREPARO

1. Tempere o frango com sal, pimenta-caiena e os 2 dentes de alho machucados grosseiramente. Descarte o excesso de alho e, em uma panela previamente aquecida, doure o frango no óleo, aos poucos. Retire e reserve.

2. Na mesma panela, coloque a cebola, os pimentões, o alho picado, as folhas de louro, o tomate e o salsão e deixe refogar por cerca de 10 minutos, mexendo seguidamente.

3. Adicione a linguiça e deixe dourar. Junte os camarões e doure-os também. Em seguida coloque as ervas e o arroz e misture delicadamente. Retorne com o frango à panela, incorpore o caldo de frango, espere ferver e ajuste o sal e a pimenta.

4. Incorpore o presunto e finalize o cozimento em fogo brando. Passe para os pratos, salpique a páprica e sirva com o buquê da decoração.

Receita preparada pela chef *Carla Pernambuco, do Restaurante Carlota, de São Paulo (SP).*

PILAF

Ninguém consegue descobrir onde o Pilaf foi inventado. Os historiadores da gastronomia, porém, tendem a acreditar que esse arroz apetitoso, feito com especiarias, originou-se na antiga Pérsia. O Pilaf pode ir à mesa puro ou associado com cozidos de legumes, guisados ou mariscos; ou incorporando aletria dourada na manteiga, frango ou cordeiro grelhados. Todo o Oriente Médio o prepara.

A palavra *pilaf* – ou *Pilaff*, *Pilaw* e *Pilau* – é turca. Mas se acredita derivar do persa *pilaou*, que significa arroz cozido. A *Grande Enciclopedia Illustrata della Gastronomia* (Milano: Selecione dal Reader's Digest, 2000) lembra que o mesmo modo de preparo se encontra na Índia. Isso reforça a suspeita da ascendência persa. A cozinha do norte da Índia recebeu essa influência antes da colonização inglesa – no sul do país, predominam os pratos hindus e vegetarianos.

As receitas de Pilaf variam bastante, mas todas usam o arroz de grão longo, tipo basmati e patna. E podem ser divididas em dois grupos, conforme os métodos de preparo. Há o Pilaf turco e o grego. A diferença fundamental está no momento em que o arroz é incorporado. No turco, os grãos fritam diretamente na gordura, sem preparação prévia. Mistura-se o arroz com uma colher, até que fique untuoso e transparente. Nesse momento, coloca-se o líquido, deixando cozinhar com a panela destampada. Lembra a elaboração do risotto clássico. No método grego, primeiro o arroz é bem lavado, até a água sair clara. Deixa-se escorrer e se cozinha em líquido, sem mexer. Cada povo com a sua preferência.

Na Itália, há o Pilafi (escreve-se com *i* no final), ou Pilau Sardo ou da Sardenha. É feito com cabrito ou cordeiro. Como chegou ali? Certamente acompanhou algumas das muitas invasões do passado; afinal, a Itália foi ocupada por vários povos ao longo dos séculos: fenícios, cartagineses, romanos, árabes e disputada por Pisa, Gênova, Aragão, Áustria e a Casa de Savoia, antes da unificação de seu território. Sendo uma ilha no Mediterrâneo, tudo na Sardenha chegava pelo mar. Inclusive as receitas forasteiras.

Pintura persa do século XIII: acredita-se que o Pilaf foi inventado no país, espalhando-se pelo Oriente Médio.

PILAF DE CORDEIRO

RENDE 2 A 4 PORÇÕES

INGREDIENTES

- 4 carrés de cordeiro sem osso
- 1 cebola picadinha
- 250 g de arroz basmati
- 2 colheres (sopa) de azeite de oliva
- 1 a 3 dentes de alho picadinhos
- 1 abobrinha cortada em pequenos cubos
- 3 tomates sem sementes cortados em pequenos cubos
- 1 envelope de açafrão em pó
- 1 colher (sobremesa) de um mix de temperos (cravo, pimenta-do-reino, noz-moscada, canela, páprica)
- 2 litros de caldo de carne
- 200 g de aletria
- 250 g de manteiga
- Sal a gosto

MONTAGEM

- 200 g de coalhada seca
- Azeite de oliva para regar
- Folhas de hortelã frescas para a decoração

PREPARO

1. Tempere os carrés com sal.

2. Em uma panela, refogue a cebola e o arroz no azeite quente.

3. Acrescente o alho, a abobrinha e o tomate.

4. Polvilhe com um pouco de sal e o mix de temperos.

5. Adicione o caldo de carne aos poucos e vá mexendo, sem parar, até o arroz ficar cozido.

6. Em uma frigideira, doure a aletria na manteiga e deixe cozinhar em fogo bem baixo, misturando seguidamente com um garfo.

7. Grelhe os carrés por cerca de 2 minutos de cada lado, começando pelo lado da gordura.

8. Assim que o arroz estiver pronto, incorpore a aletria e misture com o garfo.

MONTAGEM

9. Disponha o arroz em um recipiente, abra espaço no centro e ali coloque a coalhada seca. Regue com azeite.

10. Ao redor, distribua os carrés de cordeiro já grelhados.

11. Sirva imediatamente, com as folhas de hortelã da decoração.

Receita do chef libanês de ascendência armênia Stephan Kawijian, de São Paulo (SP).

GOMOKU GOHAN

Como o mundo inteiro sabe, a cozinha japonesa é devotada ao arroz. Impossível dissociá-la dessa dependência. O Japão teria começado a cultivar o arroz na era ou período Yayoi, que se estendeu de 300 a.C. até 250 d.C. e cujo nome deriva de uma região de Tóquio onde foram localizados seus primeiros vestígios arqueológicos. As sementes chegaram da China e da Coreia pelo extremo sul do Japão. Brinca-se que hoje o país dispõe de mais palavras para designar arroz do que para nomear amor.

Os japoneses preferem o grão do tipo miúdo, conhecido no Brasil como cateto, ou longo e polido, que se tornam macios e grudados depois da elaboração. Preparam-nos cozidos, ensopados ou fritos e até já chegaram a usá-los como moeda ou para pagar impostos. Uma das receitas nipônicas mais famosas é a do sushi. Trata-se de um bolinho de arroz temperado com vinagre, prensado ou apenas coberto com uma fatia de peixe cru, frutos do mar, algas, ovas, legumes etc. Os japoneses também utilizam o arroz para elaborar bebidas alcoólicas, como o sakê, vinagre e biscoitos. Em Tóquio, foram lançadas há pouco versões de pão à base da farinha dos seus grãos.

Gohan é arroz cozido, comida, refeição. *Gomoku Gohan* significa literalmente "arroz de cinco itens". A receita deveria ser feita com esse número de ingredientes, mas as pessoas acabam usando mais. Equivale ao Pilaf do Oriente Médio. Prato familiar,

Xilogravura do século XIX, de autoria de Hiroshige, conhecido por suas gravuras de paisagens: o Japão cultiva arroz desde a era ou período Yayoi, que se estendeu de 300 a.C. até 250 d.C.

cada família escolhe a própria combinação de ingredientes. Os favoritos são tofu frito, peixe, galinha, broto de bambu, cenoura, cogumelos shimeji e shiitake, raiz de lótus, bardana, bolo de peixe, konnyaku (alimento produzido a partir de batata nativa da Ásia), kamaboko (pasta de peixe curtido), dashi (caldo rico em umami, o quinto sabor) ou edamame (grãos de soja fervidos em água temperada, servidos dentro da vagem). A receita pode aproveitar sobras.

Imbuídos de orgulho cívico, os japoneses se comparam aos grãos do arroz cozidos numa tigela: são igualmente uniformes, translúcidos e ligados uns aos outros. Emiko Ohnuki-Tierney, professora de antropologia na Universidade de Wisconsin-Madison, nos Estados Unidos, encontrou na formação do seu país natal o motivo de tanta afeição. Publicou isso no livro *Rice as Self: Japanese Identities Through Time* (que significa Arroz como Eu: Identidades Japonesas Através do Tempo), editado pela Princeton University Press, em 1993.

Comentando o *Kojiki Registro de Assuntos Antigos*, a mais antiga coleção de mitos sobre a origem do Japão e suas divindades, ela observou que, em um dos contos, a deusa Amaterasu oferece a Jinmu, filho direto dos deuses e primeiro imperador da nação, sementes para transformar as terras sob sua liderança em campos de arroz. Segundo a antropóloga, ao contrário dos outros mitos a respeito da origem do mundo, o do Japão não se refere à criação do Universo, porém à transformação da terra nipônica em um arrozal.

Xilogravura de 1891, de Adachi Ginko, mostra o imperador Jinmu que recebeu da deusa Amaterasu sementes para transformar as terras em campos de arroz.

REPRODUÇÃO

GOMOKU GOHAN

RENDE 6 PORÇÕES

INGREDIENTES

- 500 g de arroz cateto
- 30 g de cogumelos shiitake desidratados
- 350 ml da água em que o shiitake ficou de molho
- 250 ml de água
- 200 g de sobrecoxa de frango
- 150 ml de mirin
- 150 ml de sakê
- 150 ml de shoyu
- 150 ml de dashi (caldo de peixe) (para o preparo desse caldo, misture 5 g de katsuo bushi (flocos de bonito) em 200 ml de água)
- 200 g de kamaboko (pasta de peixe processado)
- 150 g de vagem
- 150 g de cenoura
- 150 g de bardana
- 50 ml de óleo de soja
- Cebolinha em finas rodelas
- Sal a gosto

PREPARO

1. Lave o arroz.

2. Hidrate muito bem o shiitake em água morna por pelo menos 30 minutos. Escorra-o e reserve 350 ml da água em que ficou de molho para usar posteriormente, no preparo do arroz.

3. Corte a sobrecoxa em cubos de 1 cm e misture o mirin, o sakê, o shoyu, o sal e o dashi. Deixe-a nessa marinada até ficar bem impregnada pelos temperos.

4. Corte o kamaboko, a vagem e a cenoura em cubos de 1 cm. Descasque a bardana e corte-a como se estivesse apontando um lápis.

5. Em uma wok ou frigideira grande, coloque o óleo de soja, doure o frango e acrescente o shiitake desidratado, a bardana, a cenoura, a vagem e o kamaboko.

6. Em uma panela, coloque o arroz e acrescente 250 ml de água. Junte a água do shiitake (350 ml) e disponha, por cima, os ingredientes que preparou na wok.

7. Cozinhe por aproximadamente 20 minutos, apague o fogo e deixe descansar por 10 minutos.

8. Misture tudo muito bem, com cuidado para não amassar os grãos de arroz. Disponha a cebolinha em rodelas e sirva.

Receita do sushiman *Sergio Hai, de São Paulo (SP).*

ARROZ-DOCE

O arroz-doce, arroz de leite ou arroz com leite – seus diferentes nomes regionais no Brasil – nunca perdeu a popularidade no país. É preparado nas casas das pessoas, nos restaurantes populares, incluindo as churrascarias, e nas comemorações do interior. Sem contar sua presença infalível nas festas juninas, onde divide o cetro com a canjica doce, a pamonha, o bolo de fubá, o pé de moleque, a pipoca, o vinho quente e o quentão. Qual a razão do prestígio inabalável de uma sobremesa tão simples? A simplicidade, a cremosidade e o sabor.

É sobremesa antiquíssima, de origem persa, introduzida na Espanha pelos árabes, quando a invadiram em 711. Os portugueses, que a conheceram pela mesma via, trouxeram-na para o Brasil no período colonial. Aqui, o arroz-doce virou coisa nossa. Poderia até entrar na letra do samba "São Coisas Nossas", de Noel Rosa, junto com o "violão", "a palhoça" (cabana coberta de palha) e a "morena bem bonita lá da roça".

Para uma infinidade de pessoas, seu sabor evoca a infância, ou seja, trata-se de uma *comfort food* que resgata mentalmente a comida da mãe, da avó e da tia, mexe com as reminiscências do paladar e do afeto. O primeiro livro de culinária nacional, *Cozinheiro Imperial ou Nova Arte de Cozinha da Cidade e do Campo em Todos os seus Ramos*, assinado por um enigmático R. C. M., publicado pela primeira vez nos anos 1840 pela Livraria Universal de Eduardo e Henrique Laemmert, no Rio de Janeiro, traz uma receita da sobremesa. Manda aromatizá-la com água de flor de laranjeira e pulverizar canela no final.

Na Europa, textos medievais já se referiam ao arroz-doce. O médico árabe IbnZuhr, ou Avenzoar, natural de Sevilha, que viveu entre 1091 e 1161 e foi um dos mais avançados clínicos e cirurgiões da Idade Média, citou-o no livro *Kitab al-Agdiy* (*Tratado de los Alimentos*, título em espanhol), ressaltando sua importância na dieta saudável. Em um manuscrito sobre a cozinha árabe-hispânica do século XIII, também de autor anônimo,

O compositor carioca Noel Rosa: deveria ter colocado o arroz-doce na letra do samba "São Coisas Nossas".

conservado em Granada, o doce aparece com o nome de arroz com mel, já que o açúcar era ingrediente caro demais.

Sua receita não é diferente da que conhecemos hoje. Leva 250 gramas de arroz, 3 litros de leite, duas colheres de mel, 75 gramas de manteiga derretida, canela para polvilhar. Rende seis porções. Deixa-se o arroz de molho por um dia e uma noite. Depois de escorrido, cozinha-se no leite com mel. Ao servir o doce, abre-se uma cavidade no meio e se incorpora manteiga derretida. Por último, polvilha-se canela em cima.

Os libaneses preparam uma sobremesa semelhante, o *roz bi halib*, perfumado com água de rosas ou flor de laranjeira. Já o fizeram com mel; hoje, usam açúcar. O mesmo acontece na Síria. Os franceses têm o *riz au lait et gelée d'agrumes*, celebrizado pelo restaurante Le Grand Véfour, aberto como Café de Chartres, em 1760, nas galerias de Palais Royal. Vai à mesa com molho de laranja, limão, grapefruit e açúcar mascavo. Espanhóis e portugueses fazem o arroz-doce de diferentes maneiras.

São frequentes duas cozeduras, a primeira na água e a outra no leite. Em algumas receitas entra apenas leite. Em certos lugares de Portugal incorpora gemas. Nas Astúrias, queima-se o açúcar espalhado na superfície, com um ferro em brasa. Ultimamente, agregam-se aos grãos, durante o cozimento, maçãs ou damascos secos, uvas-passas ou ameixas.

No Brasil, despeja-se no arroz-doce um ingrediente industrial: o leite condensado, que já padronizou o sabor de inúmeras joias nacionais, sejam bombons ou canjicas, mousses ou pudins, rocamboles ou bolos. Incorporam-no até no recheio da tapioca e no potinho de açaí. Seria um bom produto? Evidentemente. É delicioso? Ninguém diz o contrário. Denso, homogêneo, levemente amarelado, cremoso, com uma concentração de açúcar tão grande que chega a doer na garganta, converteu-se em mania nacional. Por que não fazer igual com as comidas de sal, aplicando-lhes o invasivo coentro ou a ardente pimenta-malagueta? Também ficariam com o sabor nivelado. Livremos o arroz-doce, pelo menos, da ditadura do leite condensado.

Leite condensado: homogêneo e cremoso, com alta concentração de açúcar, tornou-se mania brasileira, a ponto de ser equivocadamente incorporado ao arroz-doce.

ARROZ-DOCE COM CANELA E COMPOTA DE CEREJAS

RENDE 4 PORÇÕES

INGREDIENTES

INFUSÃO DE LEITE

- 1 litro de leite integral
- 250 ml de creme de leite fresco
- 1 1/2 fava de baunilha (abra a fava no sentido do comprimento e, com uma faquinha, raspe as sementes de dentro)
- 3 bastonetes de canela
- 1 1/2 colher (sopa) de açúcar

COMPOTA DE CEREJAS

- 400 g de cerejas escuras e maduras
- 50 g de açúcar
- 1 bastonete de canela
- 1 colher (sopa) de suco de limão

ARROZ-DOCE

- 120 g de arroz branco
- 1/4 de colher (chá) de água de rosas (finalização)
- 1 pitada de sal (finalização)
- Pistaches e minirrosas comestíveis para a decoração

PREPARO

INFUSÃO DE LEITE

1. Em uma panela, coloque o leite, o creme de leite, as sementes da fava de baunilha, a canela e o açúcar e leve ao fogo alto.

2. Deixe ferver e retire do fogo. Reserve na geladeira por 1 a 2 horas, para os aromas se expandirem.

COMPOTA DE CEREJAS

3. Em uma panela, misture as cerejas com os demais ingredientes, em fogo médio, por uns 20 minutos.

4. Retire do fogo e deixe esfriar.

ARROZ-DOCE E FINALIZAÇÃO

5. Lave o arroz e deixe-o de molho em água por pelo menos 30 minutos. Escorra-o.

6. Ferva a infusão de leite que estava reservada na geladeira. Incorpore o arroz e cozinhe em fogo bem baixo, deixando os grãos ao dente.

7. Remova os bastonetes de canela e misture a água de rosas e a pitada de sal.

8. Coloque em potes, alternando o arroz-doce com a compota de cerejas. Finalize distribuindo os pistaches e as minirrosas da decoração.

Receita preparada pela chef *Leila Youssef Kuczynski, de São Paulo (SP).*